CLEBERSON EDUARDO DA COSTA

A MORTE DO HOMO SAPIENS

A "AÇÃO IRRACIONAL" COMO "VALOR SOCIAL"

Atsoc Editions

"A sociedade pós-moderna, no alvorecer do século XXI, idolatra e se orgulha das máquinas que pensam. E, numa outra via paradoxal, suspeita e não vê com bons olhos os homens que, negando se tornarem meros apêndices delas, ainda ousam quererem pensar." (autor desconhecido)

"Rotineiramente desqualificamos testemunhos e exigimos comprovação. Isto é, estamos tão convencidos da justeza do nosso julgamento que invalidamos provas que não se ajustem a ele. Nada que pareça ser chamado de verdade pode ser alcançado por esses meios." (In: A cabana. Milynne Robinson, The dealth of Adam)

"(...) No avanço da industrialização, a máquina substitui as mãos e a programação automática substitui as mentes. (...) O outro problema é a repetição constante dos mesmos movimentos ao longo do dia, o que automatiza as ações e se torna um entrave ao raciocínio. Para se adaptar aos movimentos repetitivos, o trabalhador é obrigado a reprimir a criatividade e a inteligência, o que leva a um quadro de alienação." (In: PETTA, Nicolina Luiza de. Et AL. História: uma abordagem integrante. – 1. ed. – São Paulo: Moderna, 2005. P. 147-149)

CLEBERSON EDUARDO DA COSTA

A MORTE DO HOMO SAPIENS

A "AÇÃO IRRACIONAL" COMO "VALOR SOCIAL"

Atsoc Editions

1ª Edição

Título: A MORTE DO HOMO SAPIENS: A AÇÃO IRRACIONAL COMO VALOR SOCIAL

1ª edição em português

Todos os direitos reservados desta edição: o autor

Autor: *Cleberson Eduardo da Costa*

Capa: *Cleberson Eduardo da Costa/Atsoc Editions - editora*

Revisão: *Cleberson Eduardo da Costa/Atsoc Editions - editora*

Idealização: *O autor*

Projeto Gráfico e Editoração: *Cleberson Eduardo da Costa/Atsoc Editions – editora*

Catalogação para catalogação na fonte de todos os direitos autorais, RJ,

Costa, Cleberson Eduardo da./ – A morte do homo sapiens: a ação irracional como valor social /Cleberson E. Da costa, Rio de janeiro: Atsoc Editions, 2018.

---

1. Filosofia; 2. Sociologia 3. Educação/pedagogia; 4. A morte do homo sapiens: a ação irracional como valor social. I título.

DEDICATIONS FOR: *VICTÓRIA MAGALHÃES DE JESUS COSTA, MINHA FILHA; E PARA TODOS AQUELES QUE DIRETA E/OU INDIRETAMENTE CONTRIBUÍRAM PARA A PRODUÇÃO DESTA OBRA, COMO MEUS IRMÃOS CLEVERSON COSTA E LEANDRO COSTA; MINHAS IRMÃS GLÁUCIA CRISTINA COSTA E RENATA MICHELE COSTA; MINHA MÃE, MARIA DAS DORES COSTA; E A MÃE DA MINHA FILHA VICTÓRIA, FLÁVIA MAGALHÃES DE JESUS, AO MEU SOBRINHO JOÃO VITOR E AS MINHAS SOBRINHAS ISABELA E DUDA.*

INTRODUÇÃO

Segundo Karl Marx[1], "para que o homem possa ser capaz de transformar (a sociedade ou a sua condição sócio-existencial) é preciso, antes, que ele seja capaz também de transformar-se". Nesse sentido, para poder transformar-se, é preciso fazer-se capaz de pensar: de libertar-se das ideologias que, embrutecendo o pensamento, fazem com que os homens deixem de ser seres racionais, "homo sapiens", e se transmutem em "homo faber" e/ou animais irracionais, existindo apenas como técnicos e/ou especialistas do saber prático, isto é, como seres alienados para a compreensão simultânea das partes e do todo, culminados num estado de "animalização" e/ou numa "condição humana desumana ou inautêntica". Outra dimensão desse processo de irracionalidade instituída e/ou sistematizada como

---

[1] KARL MARX – Filósofo alemão do séc. XIX. Autor do Livro "O capital", que, entre outras coisas, esboça uma crítica radical ao Capitalismo.

um valor social nas sociedades capitalistas ocidentais contemporâneas, e que precisa ser superdada, está dada também naquela que é diretamente causada e fomentada por meio da "Indústria Cultural", onde, como bem salientou a filósofa Marilena Chauí, "por meio dela (e para ela) são construídos e mantidos os chamados "espectadores médios", "leitores médios", aos quais são atribuídas também certas "capacidades mentais médias"".

A intrínseca relação entre os processos de irracionalidades instituídos nessas sociedades capitalistas ocidentais pós-modernas pode ser entendida como um mecanismo ideológico de "inversão dos processos de captação e/ou apreensão da realidade pelos sujeitos", nela transformados em objetos, onde o inteligível, através da exigência de interiorização e, numa outra via, de exteriorização, como respostas a fragmentados conceitos simbólicos e/ou iconográficos, fica reduzido aos trágicos estados de meramente:

1- Copiar e/ou reproduzir;

2- Aprender pensamentos, sob a forma do acúmulo de informações, e não de aprender a aprender ou problematizar

Ou seja, se o Homo sapiens, epistemologicamente, diferencia-se dos seres ditos inferiores porque possui a capacidade de evoluir do sensível para o inteligível, nessas sociedades do capital, ao contrário, tragicamente, ele está colocado como ser irracional, limitado a captar a realidade de forma tecnicista, pragmática, especializada, parcial, positivista, utilitarista, por meio da exigência social de respostas a estímulos visuais enquanto produtos culturais, também de forma fragmentada e/ou fragmentária[2]. Esses trágicos processos talvez expliquem porque é que as

---

[2] In: Donald Levine.

sociedades ocidentais capitalistas contemporâneas estejam sempre ou quase sempre mudando, através dos seus mecanismos ditos de "modernização ou industrialização" (obsolescência programada), mas, todavia, sem de fato ou essencialmente mudarem, uma vez que, nelas, os indivíduos têm sido transformados, por meio de várias instâncias, como a escola, os setores de trabalho ou produtivos e etc., em seres minimizados, autômatos. No campo sociopolítico, esses processos de "mudanças imutáveis" tornam-se nitidamente perceptíveis quando, por exemplo, constata-se que, mesmo após séculos e/ou décadas de injustiças em diversas setores:

1- As extremas desigualdades sociais, no Brasil, na África e na América latina, desde os períodos ditos pós-coloniais, só têm feito aumentarem, apesar dos ditos desenvolvimentos econômico-industriais;

2- O acesso a uma educação pública, gratuita e de qualidade, nesses países ou continentes, há séculos ou décadas, continuam sendo uma grande utopia, assim como a efetiva vontade popular nas decisões políticas, ainda que se tenha incorporado, via Estados, as ideias de sufrágio universal, etc.

Em outras palavras, embora nessas sociedades, como dizem os capitalistas, tenha-se alcançado, por meio dos seres sociais, um maior acesso a ditas novas tecnologias, na mesma medida, elas, essas mesmas tecnologias (uma vez que são criadas visando-se apenas entreter e "facilitar a vida" por meio da satisfação de "vontades" como se fossem necessidade), têm embrutecido os homens, tornando-os seres visuais (homo videns), irracionais, na medida em que, por meio do abuso do uso delas, tem-se também abortado, castrado e/ou minimizado as vocações humanas de pensar e avaliar.

Partindo-se dos conceitos de "Ação Social" em Max Weber, Durkheim e outros, apresentaremos, nesta obra, axiomas relativos às ditas "Ações Sociais Irracionais" contemporâneas, isto é, a "formas pós-modernas de "ações sociais alienadas ou irrefletidas", instituídas como valor social, e que têm feito com que os diferentes homens, pertencentes às diferentes culturas, em escala global, vivam como se fossem também de fato "seres autômatos", relegados a condições existenciais ideológicas, especializadas, fragmentadas, embrutecidas, delimitadas e/ou mesmo tecnicamente simbólicas de ver e de interagir com o mundo. E, o mais trágico: fazendo-se, ao mesmo tempo, com que esses mesmos homens, alienadamente desconhecendo seus estados de irracionalidade sistematizada:

1- Sintam-se quase sempre "hiperconscientes", oniscientes ou sábios quando, na verdade, radical e essencialmente possuídos por ideias

11

conservadoras, culminados, inclusive por meio de etnocentrismos e xenofobismos, no desenvolvimento de posturas genocidas e/ou biocidas em escala global ou planetária;

2- Sintam-se em processos de inovação e/ou mudanças, sem, todavia, nesses mesmos ideológicos sistemas capitalistas, de fato mudarem, seja no sentido micro/subjetivo, seja no macro/social/político.

O "homo sapiens", entende-se, foi e tem sido diuturnamente assassinado pela vida dita "civilizada e/ou socializada capitalista", com seus ranços tecnológico-Cartesianos, Positivistas, Pragmáticos e, sendo assim, no seu lugar, foi e/ou tem sido também colocado o homem copiador e reprodutor, isto é, decodificador mecânico de iconografias e/ou símbolos.

Na primeira parte, demonstraremos como se deu esse processo de embrutecimento cognitivo humano, ou seja, como é que, a partir do surgimento do Antropocentrismo, aliado ao desenvolvimento da Ciência ou das ciências, com seus ranços Cartesianos, Pragmáticos e Positivistas, foram também se sistematizando diferentes formas de "Ações Sociais Irracionais". Na segunda, apresentaremos conceitos estruturais referentes às "Ações sociais irracionais" presentes, de forma sistematizada, enquanto valor social, nas sociedades ocidentais capitalistas pós-modernas. Na terceira, realizaremos uma breve e sucinta consideração sobre o que postulamos que deva ser entendido como fundamento para a retomada das "Ações Racionais". Esperamos que essa obra possa contribuir à formação de uma geração politicamente transformadora, a partir da transformação deliberada das consciências dos seres sociais em escala global.

SOBRE O AUTOR

CLEBERSON Eduardo da Costa (mais de 100 livros publicados, muitos deles traduzidos para outros idiomas), natural do Rio de Janeiro, é formado pela UERJ (Universidade do Estado do Rio de Janeiro/1995-1998), Pós-graduado em educação, Pós-graduando em Filosofia e Direitos Humanos, Pesquisador, Professor universitário, Especialista em metodologia do ensino superior, Pedagogo, Livre-pensador, Licenciado em Fundamentos, Sociologia, Psicologia e Filosofia da educação, Didática, EJA (educação de Jovens e adultos), etc. Além disso, foi aluno Especial do Mestrado em Educação(1999-2001/PROPED/UERJ), matriculado, após aprovação em concurso, nas disciplinas [seminários de pesquisa] "ESTATUTO FILOSÓFICO" (ministrado e coordenado pela professora Drª Lilian do Vale); e "POLÍTICAS EDUCACIONAIS NO BRASIL E NA AMÉRICA

LATINA" (ministrado e coordenado pelo professor Dr. Pablo Gentili).

Estudou também no curso de MBA em Gestão Empresarial pela FUNCEFET/RJ/Região dos Lagos (2003-2005); no curso de Pós-Graduação em Administração e Planejamento da Educação pela UERJ (1999-2000); e realizou vários cursos livres e/ou de aperfeiçoamento nas áreas da filosofia e da psicanálise por instituições diversas, entre elas a FGV (Fundação Getúlio Vargas) e a SBPI (sociedade brasileira de psicanálise integrada).

De 1998 a 2008, atuou como professor de ensino superior (Instituto Superior de Educação da UCAM/universidade Cândido Mendes) nos campus universitários de Niterói, Nova Friburgo, Araruama, Rio de Janeiro, Teresópolis, Rio das Ostras, etc. Participou (em sua trajetória profissional e/ou intelectual acadêmica) de diversas pesquisas, como, por exemplo, o projeto UERJ-DEGASE, relativo à (EJA) e também em pesquisas centradas em problemáticas políticas, filosóficas e pedagógicas com professores renomados, como Pablo Gentili (UERJ/CLACSO), Cleonice Puggian (UNIGRANRIO), Carla Imenes (UEPG), Cristiane silva Albuquerque (UERJ), entre muitos outros.

Atualmente, dedica-se à docência universitária, a pesquisas em educação, a consultorias relativas à educação, no sentido do aprimoramento, da superação e do desenvolvimento humano, à realização de palestras acadêmicas e multiorganizacionais e à produção de obras nos mais diversos campos do saber.

CONTEÚDO

A MORTE DO HOMO SAPIENS

A "AÇÃO IRRACIONAL" COMO "VALOR SOCIAL"

I CAPÍTULO – OS HOMENS TRANSFORMADOS EM SERES IRRACIONAIS: A "AÇÃO IRRACIONAL" COMO "VALOR SOCIAL".

Ser aranha e construir teias é a mesma coisa; ser abelha, construir colmeias e/ou produzir mel também, assim como ser formiga e, irracionalmente, erguer formigueiros. Os animais ditos irracionais são assim:

1- Agem por mero instinto;
2- Agem inconscientes e/ou sonambulamente como se estivessem, pelas finalidades das suas naturezas, predeterminados para isso;

Em outras palavras:

1- O peixe nasce sabendo nadar;
2- O pássaro a voar;
3- Os gatos sabendo miar e saltar de um ponto ao outro;
4- Os cachorros sabendo latir e correr;

5- E, as formigas, sabendo erguer formigueiros.

Se compararmos os comportamentos dos animais com os do homem, repararemos que o animal não pergunta. Isto é, eles não perguntam:

1- Porque não precisam perguntar;
2- Porque sabem, por instinto e/ou pelas suas naturezas pré-determinadas, tudo o que precisam saber para poderem viver.

Os ditos animais irracionais apenas respondem a estímulos internos, como fome, sede etc., ou então externos, como ameaças, e reagem a eles sem pensar, dentro de um contexto específico e/ou numa dada situação qualquer. Ou seja, diferentemente do homem, o animal não pergunta, apenas responde a esses estímulos.

Problematizando a questão, eles não precisam "pensar para viver". Para eles, frise-se, *a sabedoria não é indispensável, mas apenas para o homem.* O homem pergunta (ou deve perguntar) por que precisa entender o mundo em que vive; e também porque precisa saber como as coisas e como os outros homens se comportam, visando poder orientar a sua conduta em relação à vida social, às coisas, aos outros seres. Além dessas diferenças entre os homens e os animais, existe também outra, que é essencial:

> "Os animais ditos irracionais, mesmo recebendo qualquer tipo de adestramento ou dita "educação" (por já saberem por instinto quem são e/ou o que devem ser), não deixam de ser também quem eles são após esse processo. Isto é, alguns animais podem ser adestrados para inúmeras atividades, mas, nesse processo, não deixam de ser os seres irracionais ou instintivos que trazem em si". (grifo meu)

No caso do homem, todavia, por não nascer sabendo quem é e nem tampouco como viver no mundo ao qual, independentemente da sua vontade, foi lançado ou jogado, o processo é essencialmente diferente: ele precisa receber uma "educação de qualidade" para poder conseguir de fato ser o ser racional que, enquanto "homo sapiens", traz em si.

Não recebendo, portanto, essa "educação de qualidade" desde a tenra idade (não se confunda somente com os processos de socialização primários e secundários, por meio dos quais se adquire certa cultura, etc.), além do homo sapiens não poder se realizar de fato enquanto o ser homem que é, que traz em si, ele pode também – ao contrário dos outros animais, que não deixam de ser quem são com ou sem o processo de adestramento – deixar de ser quem ele é, tornando-se uma aberração qualquer: um ser distante da sua natureza racional.

Se um ser homem, desde o seu nascimento, por um motivo qualquer, começar a ser criado entre animais ditos irracionais, conseguindo sobreviver, ele deixará de ser o animal racional que traz em si, e será, sem uma sistematizada educação recebida, como os animais instintivos e/ou irracionais do seu grupo.

O caso contrário, porém, não ocorre: se um animal qualquer, por outro lado, for retirado, desde o nascimento, do seu grupo e criado entre os homens, num ambiente doméstico, educacional e/ou cultural qualquer, nem por isso ele se humanizará, nem por isso ele se tornará um ser racional. Nesse sentido, pode-se afirmar que:

> "O homem é o único ser que, exatamente por ser da espécie "homo sapiens", não traz também uma pré-determinação ou uma natureza completa e acabada em si e, sendo assim, ao supostamente não se realizar (por falta de uma educação de qualidade), ele pode também descaracterizar-se do que é, não conseguindo ser tudo aquilo que ele pode e/ou poderia vir a ser."

Em outras palavras, pela educação (que é um processo qualitativa e quantitativamente diferente da mera ou simples socialização ou incorporação de uma dada cultura) o ser homem pode de fato humanizar-se e, sem ela, "animalizar-se", irracionaliza-se, no sentido pejorativo e minimizado da palavra.

II – FUNDAMENTOS FILOSÓFICO-EPISTEMOLÓGICOS

Segundo o filósofo alemão Karl Marx (1818-1883), o homem dito primitivo, diferentemente e/ou ao contrário do dito homem civilizado ou socializado, diferenciava-se de todos os outros animais ditos irracionais não apenas em relação aos aspectos biológicos, relacionados à sua espécie, mas também porque, no espaço-tempo em que vivia, ele se fazia existir a partir de uma unidade de pensamento (entre ação, reflexão, ação – chamada de práxis), que lhe possibilitava à resolução de problemas e/ou à satisfação de suas necessidades, e também às do seu grupo, isto é:

1- Caçando, plantando e/ou colhendo;

2- Criando e/ou aprimorando instrumentos;

3- Protegendo-se e/ou defendendo-se de possíveis predadores, etc.

Tragicamente, segundo Marx, uma das principais formas de "irracionalização" do homem dito civilizado e/ou socializado, nas sociedades ocidentais capitalistas, tem sido por meio da sua expropriação, ao vender a sua dita força produtiva – especializada – no mercado de trabalho, uma vez que, nesse processo, está sistematizada também a sua alienação, ou seja:

1- Quando os homens teorizam, não fazem;

2- Quando fazem, não teorizam;

3- Quando teorizam e fazem, não avaliam; e,

4- Quando avaliam, não teorizam e nem fazem.

Noutros termos, "Quando os homens perdem o conhecimento simultâneo das partes e do todo, perdem também as suas capacidades de teorização-reflexão, isto é, de ação, reflexão e avaliação, no sentido da práxis e/ou dialética, tornando-se incapazes de ampliarem as suas consciências e, consequentemente, tornam-se também incapazes de gerarem mudanças ou transformações significativas, seja no âmbito pessoal ou coletivo". Esse fato tem se dado exatamente porque, ao serem socializados ou ditos "educados", nessas sociedades capitalistas ocidentais contemporâneas, estruturadas sob o corolário das especializações científicas:

> "Os homens mudam, mas sem de fato mudarem, na medida em que as coisas que eles aprendem nas ditas instituições educativas não passam de conteúdos:
>
> a- Desconexos,
> b- Descontextualizados da via,
> c- Parciais, impedindo-os assim de desenvolverem uma compreensão mais abrangente das causas e dos efeitos, de ampliarem seus níveis de

consciência, não lhes causando, nesse sentido, nenhum tipo de transformação interna que lhes permitam quererem mudar ou revolucionar não somente os seres alienados que são, mas também a ordem de exclusão social estabelecida sob a qual estão irracionalmente colocados.

***

Nas sociedades ocidentais capitalistas, tem-se revelado nas últimas décadas importantes estudos e pesquisas estruturadas ou substanciadas sob premissas marxistas, os homens são ditos "educados", quando, na verdade, apenas socializados e/ou "endoculturados", e de uma forma "fragmentada e/ou fragmentária" por meio da "internalização", em suas psiques, da cultura erudita. O sociólogo Norte Americano Donald Levine, um desses estudiosos ou pesquisadores, no seu livro *Visões da tradição sociológica*, citado por Tomazi, escreveu:

"Cada vez mais a socialização acontece em pequenos fragmentos:

1- A televisão despeja imagens e as pessoas "zapeiam" de canal em canal;
2- A leitura de livros é substituída pela de resumos ou de resenhas publicadas em periódicos, quando não apenas por frases e parágrafos soltos destacados em revistas semanais;
3- Os computadores apresentam as notícias e informações como se elas fossem todas iguais e tivessem a mesma importância;
4- Os pais entregam os filhos para escola e acreditam que assim os estão educando;
5- Os estudantes apresentam uma incapacidade para argumentar com fundamentos por falta de uma visão história e inter-relacional entre os processos. (Texto adaptado in: Tomazi, Nelson Dacio. Sociologia, 2ª Ed. São Paulo: Saraiva 2010. P. 22)

A filósofa Marilena Chauí, no seu livro Convite à filosofia, discorrendo sobre as mudanças sociais decorrentes da modernidade e pós-modernidade, ocasionando-se, por exemplo, pós-revolução ou revoluções industriais, nas sociedades capitalistas ocidentais, a formação da chamada "Indústria cultural", esboça uma crítica semelhante às de Donald Levine, ao afirmar, por exemplo, que a globalização inventa uma figura chamada "espectador médio", "ouvinte médio" e "leitor médio", aos quais são atribuídas também certas "capacidades mentais médias". Nas palavras da própria filósofa:

> "(...) A indústria cultural vende cultura. Para vendê-la deve seduzir e agradar o consumidor. Para seduzi-lo e agradá-lo não pode chocá-lo, fazê-lo pensar, fazê-lo ter informações novas que o perturbem (...)". (In: CHAUÍ, Marilena. Convite à filosofia. São Paulo: Ática, 2000. P. 422-423)

Nesse sentido, pode-se dizer que:

> "Se a irracionalidade dos ditos animais irracionais é determinada pela natureza animal, que lhe é peculiar, a irracionalidade do homem, nas sociedades ocidentais capitalistas contemporâneas e/ou pós-modernas, está sistematizada ou instituída como um "valor social" e, nesse sentido, é também alienadamente louvada, perseguida e/ou consumida como um "produto específico e especializado dito de sabedoria." (grifou meu)

As inúmeras e infindas especializações do saber, para o homem dito socializado e/ou educado, nessas sociedades pós-modernas, portanto, soam como o mesmo que:

> "Ações irracionais oriundas de diferentes animais irracionais que, eles, os próprios homens, ao serem socializados, internalizam dentro de si, cada um com as suas faculdades e, como esses animais são de diferentes espécies e não são também capazes de dialogarem entre si (fora das suas espécies), mas apenas de se sobreporem uns aos outros, como numa espécie de cadeia alimentar, os homens também não são capazes de promoverem o diálogo entre esses saberes fragmentados que internalizaram e/ou internalizam e trazem de forma ortodoxa em si".

Essa, sem dúvida, tem sido uma das formas mais sutis de se transformar homo sapiens ditos socializados e/ou educados em seres irracionais, e com o consentimento deles próprios, na medida em que, além de mal entendida, essa trágica condição é buscada como sinônimo de aquisição de "ampla sabedoria", sintetizadas na ideia da busca por múltiplas especializações, como, por exemplo, substanciada nos conceitos de polivalência e politecnia, que estão presentes, inclusive, em muitos ditos cursos que objetivam formar mestres e doutores.

***

A inauguração da era moderna, sob o corolário do saber científico, disseminado pelas chamadas novas ciências, com seus ranços Cartesianos, sedimentada e sistematizada também a partir do século XX – era dita pós-moderna –, com seus ranços pragmático-positivistas, aprofundou um abismo e estabeleceu um distanciamento do dito saber metafísico/filosófico, tornando estes pejorativos em relação àqueles. Nas palavras de Escher, Célio:

"A burguesia européia e americana estava em contínua ascensão, desde o século XVIII. Ela (burguesia) se caracteriza pelo gosto das soluções racionalistas e mecânicas, pelo gosto do objeto da técnica de produzi-lo, de seu aspecto palpável... Isto levou os burgueses (...) à gradativa perda do cultivo dos valores seculares, humanos, filosóficos, subjetivos. Enfim, tentaram transformar o mundo no sentido de lotá-lo de objetos industriais para o consumo em massa, em detrimento total do ser humano como valor básico." (p. 143)

Esse abismo, como se entende, não foi somente conceitual, teórico, mas também essencialmente prático, na medida em que o saber científico erigiu-se e se desenvolveu a partir do estabelecimento de críticas ao saber filosófico/metafísico, difundindo no imaginário social, no senso comum, a idéia de que os homens não precisariam mais pensar para viver, uma vez que os avanços tecnológicos e etc. fariam as máquinas e/ou os eletrônicos fazerem tudo ou quase tudo por eles, isto é, inclusive "pensar":

facilitarem-lhes a vida em todos os sentidos. Os conceitos de "saber" ou de "sabedoria", de verdade e/ou falsidade, a partir também do desenvolvimento do pragmatismo Norte Americano, foram atrelados apenas àqueles que geram ditos resultados mensuráveis, palpáveis. As ciências modernas, sob o objetivo do "conhecer para poder prever, e de prever para poder prover e controlar", passaram então a conceber não somente os seres, mas também as sociedades e a própria natureza como objetos passíveis de apreensão, controle e metodização. Nas sociedades contemporâneas e/ou pós-modernas, como consequência dessas mudanças ocorridas nas sociedades modernas, dando-se sequência aos avanços das ciências e sacramentando-se a oposição férrea desta à filosofia/metafísica, em escala planetária, como afirmou Hannah Arendt, continuou-se, de forma sistematizada, a dar-se o mesmo. Nas palavras da filósofa:

> "Clichês, frases feitas, a internalização e a adesão a códigos de expressão e conduta convencionais, padronizados, têm tido a função socialmente reconhecida de nos "proteger" da "realidade", ou seja, de nos tirar da exigência de atenção do pensamento feita por todos esses ditos conhecimentos em virtude das suas meras existências". (In: Arendt, Hannah. A vida do espírito, 1971 – p. 78)

Essas formas de ser, de agir e de pensar externas ao ser, criadas pelas ciências modernas e sacramentadas na vida ocidental contemporânea, colocaram os indivíduos dessas sociedades, inclusive, como seres "incapazes de poderem pensar criticamente para poderem julgar" o que é o bem ou o mal, a virtude ou vício, etc.

Mais que isso: abortaram a capacidade reflexiva do indivíduo sobre o que é a ética e a moral, colocado-as sob a forma de hábitos e costumes, ou seja, como algo a ser ensinado, visando-se, única e exclusivamente, mudanças comportamentais. No sentido latino, por exemplo:

1- "Moral" está colocada como originaria de "mores", que dá origem a "costumes" e/ou "comportamentos";

No sentido grego:

2- "Ética" encontra-se sistematizada no sentido de "ethos" – hábitos – que dá origem a "habitação".

Nos dois contextos, tanto no Latim quanto no Grego, moral e ética, portanto, estão atreladas a valores externos, que devem ser impingidos na psique do ser, sem qualquer reflexão essencial e/ou minimamente plausível. Isso nos faz pensar, primariamente que, para essa sociedade pós-moderna e/ou contemporânea, através das suas instituições ditas educativas, baluartes da difusão das ideias e dos ideais Antropocêntrico-científicos, por exemplo:

1- Não se deve ensinar a pensar (mesmo porque a pensar não se ensina, mas apenas se disponibiliza meios para tal);
2- E sim ensinar apenas "hábitos e costumes";

3- E sim ensinar somente pensamentos, e não a "aprender a aprender".

Até mesmo Fernando pessoa (1888-1935), num dos seus escritos sobre "a consciência de si e sobre a visão de mundo do homem contemporâneo", escreveu:

> "Não há maior tragédia do que a igual intensidade, na mesma alma ou no mesmo homem, do sentimento intelectual e do sentimento moral. Para que o homem seja distintivamente e absolutamente moral, tem que ser um pouco estúpido. Para que um homem possa ser absolutamente intelectual, tem que ser um pouco amoral. Não sei que jogo ou ironia das coisas condena o homem à impossibilidade dessa dualidade..." (In: – Alguma prosa. Rio de janeiro, nova Aguiar, 1976, p.238)

Para o teórico Pierre Bordieu (1930-2002), no seu livro "Razões práticas", a incompatibilidade concreta entre o sujeito moral e o sujeito pensante ganham força, na medida em que ele diz-nos que, frise:

"Os hábitos são construídos e internalizados pelos indivíduos através dos seus processos de socialização, primários e/ou secundários, e que também são e/ou podem ser entendidos como o mesmo que uma espécie de "segunda natureza [3]", correspondendo-se, assim, ao mesmo que "formas padronizadas de ser e de existir sociais, que não exigem atenção da reflexão e/ou do pensamento"."

Na mesma via, ampliando-se a catástrofe, nessas sociedades pós-modernas, mesmo aqueles que deveriam pensar, por serem tidos como intelectuais (definidos por Jean-Paul Sartre, todavia, como meros "especialistas do saber prático"), por falta de ética, e também pela incorporação, em si, dos valores mercantilistas do capital, tornaram-se, enquanto grupos elitistas subalternos (cooptados), uma espécie de "prostitutos intelectuais".

Isto é, os "especialistas do saber prático", enquanto proletários intelectuais do sistema

---

[3] BORDIEU, Pierre. Razões práticas. 4 ed. Campinas: Papirus. 1996. P. 22

capitalista, e nesse sentido também enquanto apêndices do setor produtivo, escravos das ciências a serviço do capital, reproduziram e têm reproduzido, sistematicamente, formas variadas de ações irracionais, muitas e não raras vezes sob a forma da criação e venda de enlatados produtos ditos educativos ou culturais (fragmentados).

II CAPÍTULO – O "HOMO FABER" versus "HOMO INTELECTOS": A MORTE DO "HOMO SAPIENS".

As sociedades modernas, assim como as contemporâneas, na busca pelo desenvolvimento científico, em estrita relação promíscua com a estruturação e sistematização global do sistema capitalista, jogaram grande parte da humanidade para viver:

1- "Na condição de "homo faber", isto é:

2- Na condição de homens não pensantes, em oposição ao "homo intelectos".

O processo de Revolução Industrial que se deu a partir da Inglaterra no século XVIII, transformando o artesão (artista) em operário (proletário), de forma concreta e massificada, sistematizou o mecanismo brutal de "assassinato do homo sapiens", exatamente por não ter ficado restrita unicamente a esta, e ser estendido, de forma indelével, ideologicamente, como marca das sociedades capitalistas, para muitas outras áreas.

Segundo Petta, Nicolina Luiza:

> "(...) No avanço da industrialização, a máquina substitui as mãos e a programação automática substitui as mentes. (...) Uma das características da fábrica é o parcelamento das tarefas, isto é, a produção de um objeto passa por diversas etapas, cada uma delas realizada por um trabalhador que, dessa forma, se torna especialista na função. Para o trabalhador, o sistema gera um estado de alienação causado pelo fato de trabalhar exaustivamente e o produto do esforço nunca se transformar em um objeto acabado, pois cada pessoa participa apenas de uma etapa do processo. O outro problema é a repetição constante dos mesmos movimentos ao longo do dia, o que automatiza as ações e se torna um entrave ao raciocínio. Para se adaptar aos moimentos repetitivos, o trabalhador é obrigado a reprimir a criatividade e a inteligência, o que leva a um quadro de alienação." (In: PETTA, Nicolina Luiza de. ET AL. História: uma abordagem integrante. – 1. ed. – São Paulo: Moderna, 2005. P. 147-149)

Poder-se-ia supor, por exemplo, que há um paradoxo em relação aos preceitos republicanos de Platão, na medida em que, muitos dos líderes políticos dessas sociedades, estão longe de serem os estereótipos de "governantes filósofos" por ele descritos. Todavia, se invertemos o "conceito de sociedade civil em Marx" para o "conceito de sociedade civil em Gramsci", perceberemos que o conteúdo ético do capitalismo – que é essencialmente o de uma minoria enquanto classe hegemônica presente nesses Estados – tornou-se, em suas superestruturas, como corolários, os próprios conteúdos éticos de todas as sociedades ocidentais capitalistas contemporâneas e/ou pós-modernas, fazendo dos cidadãos, além de consumidores, de seres irracionais, também meros apêndices deles.

Nesse sentido, sabendo-se que valores como a "Meritocracia e o Individualismo", corporificados sob a máxima difundida no senso comum de que "é o trabalho – para poder viver-se uma vida de consumos – o que unicamente dignifica o homem", e não também o pensar", deve-se dizer que essas sociedades do capital:

1- Colocaram a humanidade na condição de meros "apêndices" dos seus sistemas;

2- Colocaram a Indústria cultural a serviço da transformação do "homo sapiens" em um ser irracional que, ao invés de progredir do sensível para o inteligível, passou a ser socializado de forma fragmentada e/ou fragmentária, apenas respondendo a estímulos, regredindo-se ao inverter esse processo, ou seja, "progredindo", se é que isso seja possível, do inteligível para o inteligível ou dissimulado sensível;

3- Colocaram a Escola como "fábrica de seres não pensantes", como "produtora de mão de obra qualificada (dita especializada) para formação do exército de reserva" e, num sentido político catastrófico, instituíram-na também:

a- Como a instituição que realiza, por meio dos seus ditos processo de socialização, a transformação de "cidadãos em meros consumidores potenciais".

Embora muitos não percebam, até mesmo o conceito de "práxis", em Marx, nessas sociedades, segundo Hannah Arendt, foram colocados e sistematizados no sentido pragmático de *aquilo que o homem faz em oposição ao que o homem pensa"*. Em pleno alvorecer do século XXI, sendo assim, tragicamente, as sociedades ocidentais do capital, caminham:

1- Para o embrutecimento do ser homem;
2- Para a "Mercantilização" da vida;
3- Para a "Mercantilização" das relações sociais;
4- Para a "Mercantilização" dos afetos, das intimidades; e, numa outra via ainda mais catastrófica:
5- Para a sistematização da arte racional da dissimulação e da transgressão, como se elas fossem sinônimos da moral e da virtude, longe da atividade reflexiva, tornando as ações sociais, quando ditas racionais, tais quais aquelas mesmas restritas a meios e fins, ou seja, de interesses.

Nessas sociedades, portanto, tudo é potencialmente tratado como produto ou serviço (mercantilizável). Não seria difícil pensar, sendo assim, que as sociedades do capital estabelecem, verticalmente:

1- O que é verdadeiro ou falso;
2- O que é bem ou mal;
3- O que é ético ou antiético, tirando do indivíduo:
   a- A sua capacidade reflexiva;
   b- A sua capacidade de dar um sentido para a sua própria existência que esteja distante dos valores ditatoriais das políticas de consumo.

***

Essa "caducidade social padronizada", por exemplo, está visivelmente sistematizada (como um "valor social" do capital):

1- Nos desejos de felicidade pré-estabelecidos pela Indústria cultural (felicidade atrelada à ideia de consumo);

2- Nos amores e nos sonhos que se tornam padronizados, como produtos a serem consumidos, etc.;

3- Ou como alvos e metas a serem atingidos.

4- Nos modos padronizados de ser, de agir e de sentir e, mesmo, de "pensar", respondendo-se apenas a estímulos internos e externos durante a vida social.

Essa sociedade é a predadora da vida, não somente humana, no planeta. Na mesma via, surrealmente, é também a mesma que tem o orgulho:

1- De falaciosamente dizer-se produtiva;

2- De falaciosamente dizer-se propulsora de felicidade e/ou "bem estar" social;

3- De falaciosamente dizer-se estar em busca do desenvolvimento econômico, elegendo-se, nesse sentido, somente o trabalho especializado e/ou técnico, sob o agir mecanicamente, adestradamente, metodicamente, irrefletidamente, operando-se máquinas, computadores, como um valor social, e não somente das classes ditas subalternas, incluindo-se também a dita classe política, onde todos se movem "embrutecidamente" em busca de resultados mensuráveis, não se levando em consideração, por exemplo, aspectos como a qualidade de vida, das relações ou ações sociais, etc.

***

Diante dessa sistematiza catástrofe humana, um questionamento substancial, sob a visão de Hannah Arendt, deve-se fazer: "O que um homem faz, exatamente quando nada faz?"

Historicamente, de modo curioso, alguns pensadores já haviam dedicado tempo a essa problemática. Numa via paradoxal à ideia de prisão à vida dita produtiva, valorando a atividade racional, Cícero, por exemplo, atribuiu a Catão: "Nunca um homem está mais ativo do que quando nada faz".

As proposições de Aristóteles sobre o homem, especificamente aquelas em que ele ressalta que a atividade racional se constitui na essência da natureza humana, e de que, para ser feliz, o homem deveria viver em acordo com ela, realizando-se enquanto ser, faz-nos também parafrasear de Kant, já ao final da sua vida, ao dizer, por exemplo, ainda que nos soe utópico, que "Os homens retornarão à metafísica (filosofia) como aqueles que retornam aos braços da mulher amada após uma briga"[4]. A analogia de Kant nos faz pensar que a humanidade, nessa era tecnológica (que Cassirer chama de "era das tensões e do conflito"; Pablo Gentili diz ser "o tempo em que a exclusão socioeconômica se produz e reproduz institucionalmente"; e que

---

[4] (In: Hanna Arendt – a vida do espírito)

Norberto Bobbio conceituou como "o momento em que o corolário capitalista se transformou em conteúdo ético de Estado") caminha para frente, mas como se fosse um anjo com a cabeça e com os pés voltados para trás. Ou seja, caminha como se não caminhasse, como se regredisse para longe do seu alvo e também, ao mesmo tempo, para longe da própria realização dos homens enquanto seres pensantes.

Aquele que briga com a mulher dita amada, quanto mais se distancia dela, mais se distancia também do encontro com a sua realização nesse amor.

Nas sociedades contemporâneas ocidentais capitalistas, ironicamente, a atividade reflexiva tem deixado de fazer parte até mesmo da dita sociedade política (se é que algum dia fez), na medida em que tem sido substituída por uma "ação social política de Estado" que globalmente institui preceitos genocidas neoliberais.

Se pensarmos essa problemática pela questão da necessidade, perceberemos que Aristóteles, por exemplo, dizia que somente aqueles que estão presos no reino da necessidade, ou seja, que precisam trabalhar para manter o próprio sustento, é que acabariam sendo, por essa circunstância, naturalmente obrigados a se dedicarem a atividades "laborativas" (labor), práticas, necessárias e ditas úteis do ponto de vista fabril, que não exigem elevação humana por meio do desenvolvimento do pensamento.

Nas sociedades contemporâneas, embora se mantenham as desigualdades socioeconômicas, o que se tem chamado de atividades intelectuais, mesmo pelos ditos intelectuais, são as mesmas – regidas por conceitos pragmáticos, postulados pelas ciências, a partir das suas especializações tecnicistas – que também regem o "não-pensar" dito das classes e/ou grupos subalternos, ao serem imersos estes nos processos alienantes de divisão do trabalho. Nesse sentido, seria algo também utópico querer pensar e defender a tese de que os excluídos precisam primeiro sair da condição de exclusão, de escravos do reino das necessidades, de "homo faber", para, assim, um dia finalmente virem a poder se realizar enquanto "homo intelectos", mesmo porque os avanços tecnológicos têm feito diminuírem-se mais e mais os postos e horas de trabalho sem fazer, na mesma via, com que essas mesmas sociedades caminhem no sentido da valorização da atividade racional.

Não se deve supor e nem tampouco querer sonhar, portanto, como uma espécie de dogma, que a emancipação intelectual será um dádiva, assim como o exercício da cidadania, realizada pela própria sociedade pós-moderna e/ou contemporânea para aqueles que estão excluídos do direito de saber que se ignora, mesmo porque, hoje, tanto os excluídos quanto os incluídos socioeconômicos, estão valorativamente excluídos do exercício da atividade reflexiva, sobrevivendo, nessas sociedades, enquanto "homo faber", na condição de meros animais ditos irracionais.

Nas sociedades ocidentais capitalistas contemporâneas, os homens instituíram o "não pensar", a "irracionalidade", como um valor social e, ainda assim, eles continuam se considerando seres humanos, seres pertencentes à espécie "homo sapiens", quando não passam de "homo faber".

E é justamente aí que, nessas sociedades, como um valor social do capitalismo, está sistematizada, instituída nas psiques humanas, a morte do homo sapiens, ou seja, os homens, nelas, ainda pensam que pensam, acreditando-se, inclusive, estarem hiperconscientes. Isso não é, obviamente, um mero jogo de palavras, mas uma trágica realidade.

UNIDADE II

AS CINCO DISTINTAS MANEIRAS DE "AÇÃO IRRACIONAL"

"Noutro tempo fostes macaco e, hoje, o homem é ainda mais macaco do que todos os macacos." (Nietzsche, F. p, 25)

III CAPÍTULO – "AÇÃO IRRACIONAL" POR MEIO DOS HÁBITOS E/OU COSTUMES.

> Cada povo fala uma língua do bem e do mal que o vizinho não entende. Cada povo inventou sua própria língua para os seus costumes e para as suas leis. (Nietzsche, F.)

As diferenças – entre o pensamento de Émile Durkheim e Max Weber – estão centradas no fato de que, para o primeiro:

1- As normas sociais, enquanto uma espécie de *"consciente coletivo"*, *"sistematizadas pelo poder das instituições no controle da vida social"*, estão fora do indivíduo, ou seja, agindo como uma espécie de mecanismo ideológico, ao mesmo tempo coercitivo e/ou de controle; e, para o segundo, Max weber:

2- As normas sociais estão dentro e/ou são internalizadas pelos indivíduos, fazendo-os agirem ou tomarem decisões com uma vontade e/ou com uma "ação social", enquanto um externo coletivo de códigos coercitivos de conduta, que lhes pareçam suas.

Nesse sentido, Durkheim acredita que, se em uma dada sociedade *"a transgressão às normas se torna outra norma contrária ao poder Estatal"*, é porque as intuições desse mesmo Estado não estão cumprindo o seu papel de socialização, ou seja, de efetiva coerção e/ou coação. Durkheim, através da sua conhecida tese sobre o que ele convencionou chamar de "solidariedade orgânica", dá ênfase à necessidade imperativa que o Estado deve ter e/ou tem de fazer valer os seus preceitos morais, que estão preconizados nos seus códigos de leis, impedindo-se que haja, assim, uma ditadura, seja das maiorias, por meios dos movimentos sociais revolucionários, seja das minorias, ao quererem eternizar e/ou sistematizar seus privilégios.

II

Max Weber, por outro lado, enxerga esse mesmo dado suposto problema da fragilidade do controle social, por parte do Estado, sob a ótica de que "se há uma tendência à transgressão das normas sociais por parte dos indivíduos, é porque os valores e princípios que regem essas mesmas normas coercitivas não foram, de fato, internalizados (em suas psiques) pelos seres sociais.

Ou seja, para Durkheim, as instituições, por meio da sua chamada "consciência coletiva" e/ou normas coletivas, devem se colocar para os cidadãos como aquelas que lhes apresentam as regras e, caso eles, os indivíduos, por qualquer motivo, não as cumpram, elas, essas mesmas instituições, por meio da força que o Estado detém, devem também puni-los e/ou "reeducá-los".

Para Max Weber, ao contrário de Durkheim, portanto, esse controle não está e/ou não deve estar (ou se dar) somente no plano da "consciência coletiva" e/ou da conscientização, pelos indivíduos, sobre as normas sociais que devem seguir, mas através das regras de ação social, que estão e/ou neles devem ser internalizadas neles, tornando-os, enquanto seres sociais, capazes de agirem socialmente, controlando também as ações uns dos outros, numa espécie de ações coletivas muitas vezes inconscientes, mas como se fossem todavia, atos de pura consciência.

Nos dois casos, seja no sentido da "consciência coletiva" de Durkheim, seja no sentido da "internalização das normas sociais" de Max Weber, existe uma "ação irracional dita tradicional", enquanto ação social dos indivíduos durante a inserção na vida social, obtida através dos processos de socialização primário (na família) e secundário (escola, etc.), que se dá de forma fragmentada e/ou fragmentária, traduzindo-se em hábitos e/ou costumes, ou seja, no mesmo que *"códigos de ações irracionais sociais de conduta, oriundos da chamada força da tradição familiar* e/ou social, do tipo:

1- Foi assim que sempre se fez;
2- É assim que sempre se deve fazer;
3- É assim que sempre se fará.

Essa ação irracional tradicional, enquanto ação social, por estar fundamentada na socialização por meio de "hábitos e costumes", pode ser entendida também como *"frutos do caráter ideológico da cultura, enquanto sistematização de modos de ser, de agir, de sentir e de pensar, que são, enquanto mecanismos de controle, impingidos na psique dos seres sociais".*

Nesse sentido, não se pode dizer que há ou que haja uma "consciência coletiva", como defendera Durkheim, pautada na ideia de "solidariedade orgânica", uma vez que, nas instituições ditas educativas dessas sociedades que os indivíduos, desde a tenra idade participam, não se ensina propriamente a pensar (mesmo porque a pensar não se ensina, se cria meios), mas tão somente a aprender pensamentos, ou seja, a aprender (incorporar) hábitos e costumes.

Hábito – ainda que não se possa, a priori, dizer que seja o mesmo que cultura – está contido nela e, em muitos casos, é o resultado visível e específico dela. Veja-se, por exemplo, o que nos diz Pierre Bourdieu, no seu livro "Razões práticas", a respeito deles, isto é, dos hábitos:

> "Os hábitos são princípios geradores de práticas distintivas – o que o operário come e, sobretudo, sua maneira de comer; o esporte que pratica e sua maneira de praticá-lo. Suas opiniões políticas e sua maneira de expressá-las, portanto, diferem sistematicamente do consumo ou das atividades correspondentes do empresário industrial, mas são também esquemas classificatórios, princípios de classificação, princípios de divisão e de gostos diferentes. Eles estabelecem a diferença

entre o que é bom ou mau, entre o bem e o mal, entre o que é distinto e o que é vulgar etc., mas elas são as mesmas. Assim, por exemplo, o mesmo comportamento ou o mesmo bem pode parecer distinto para um, pretensioso, ou ostentatório para outro e vulgar para um terceiro." (In: Bourdieu, Pierre. Razões práticas. 4. Ed. Campinas: Papirus, 1996. P.22)

Pelos hábitos de um indivíduo ou pelos do seu grupo, como se entende, podemos dizer qual a sua cultura e vice versa. Ou seja, ao conhecermos uma cultura, podemos, a partir daí, deduzirmos como são, socialmente falando, as pessoas pertencentes a ela, uma vez que, como postula a Antropologia[5], a cultura não somente condiciona a visão de mundo do homem, mas também, em muitos casos, determina-a.

Além disso, por trazer em si um caráter etnocêntrico, os homens também se alienam, na medida em que, além de passarem a agir

---

[5] Livro: Cultura – um conceito antropológico. Laraia, Roque de Barros.

irracionalmente por meio de hábitos e costumes, tornam-se potencialmente xenófobos, incapazes de tolerarem ou respeitarem os, por eles, ditos estranhos, isto é, às diferenças e/ou os diferentes.

III.1 – CULTURA VERSUS EDUCAÇÃO

A aquisição de cultura, substancialmente, não é o mesmo que o acesso à educação, uma vez que, enquanto a *internalização* de cultura, por meio dos processos fragmentados e/ou fragmentários de socialização aliena os indivíduos para a possibilidade de compreensão das partes e do todo, impossibilitando-os também de pensar, a educação emancipa.

O acesso a uma educação de qualidade, ao contrário do mero acesso a uma dada cultura (socialização), portanto, possibilitaria ao homem desenvolver, em si, um espírito cosmopolita, dialógico, reflexivo, fraterno, tolerante, respeitador das diferenças, politicamente participativo, socialmente equitativo e esteticamente criativo, no sentido de Nietzsche.

III.2 - O CONCEITO DE CULTURA

No final do século XIX, Edward Tylor (1832-1917), sintetizando o termo Germânico "Kultur", que era utilizado para simbolizar os aspectos espirituais de uma sociedade, e o termo Francês "civilization", que se referia às realizações materiais de um povo, chegou-se ao vocábulo inglês "culture", definindo cultura como:

> "Todo o complexo que inclui conhecimentos, crença, arte, moral, leis, costumes ou qualquer outra capacidade ou hábitos adquiridos pelo homem como membro de uma sociedade/comunidade."
> (In: Primitive Culture, 1871)

Em outras palavras, diferentemente de educação:

> "Cultura são modos de vida e manifestações de um povo (hábitos, costumes, crenças, etc.) e, nesse sentido, como existem diferentes povos, existem também múltiplas e diferentes culturas".

Esse conceito básico de Tylor, aprimorado depois por Kroeber[6] em seu artigo "O superorgânico", é o que, atualmente, tem sido utilizado por antropólogos e por estudiosos do assunto, dado que, numa definição mais sintética, ele a definiu também como *tudo aquilo que independe de uma transmissão genética"(p, 88)*.

---

[6] **Cultura como adaptação. O Superorgânico, Alfred Kroeber.**
Alfred Luis Kroeber (1876-1960) foi um antropólogo estadunidense, obteve um papel de destaque entre seus colegas antropólogos em sua época, caracterizava-se pela profundidade teórica e pelo seu campo de trabalho amplo, o qual incluía trabalhos relacionados aos indígenas, a arqueologia, a linguística e ao folclore. Como aluno de Franz Boas, trabalha com a crítica a visão de cultura na antropologia evolucionista e do darwinismo social, dirigindo críticas a autores como Herbert Spencer. Sendo assim, ainda hoje citado, por ser um dos principais representantes da orientação culturalista na antropologia norte-americana. Reconhecimento este, que se deve ao seu artigo \u201cO Superorgânico\u201d, publicado em 1917, o qual visa mostrar a cultura como um sistema independente da natureza e, do qual trataremos neste trabalho.

III.3 – O CARÁTER POTENCIALMENTE GENOCIDA DA CULTURA

Outra diferença essencial entre educação e cultura está no fato de que, ao contrário da primeira, a cultura traz, em si, um caráter potencialmente genocida. Sobre essa problemática, escreveu Nelson Dacio Tomazi:

> "(...) Cada grupo ou sociedade considera-se superior e olha com desdém os outros, tidos como estranhos ou estrangeiros (...). Na história não faltam exemplos desse tipo de comparação: na Antiguidade os romanos chamavam de "bárbaros" aqueles que não eram da sua cultura; no Renascimento, após os contatos com culturas diversas propiciados pela expansão marítima, os europeus passaram a chamar os povos americanos de "selvagens", e assim por diante (...)." (In: TOMAZI, Nelson Dacio. Sociologia. São Paulo: Saraiva 2010. P. 174)

E mais:

"(...) O "etnocentrismo" foi um dos responsáveis pela geração de intolerância e preconceito – cultural, religioso, étnico e político –, assumindo diferentes expressões no decorrer da história. Em nossos dias ele se manifesta, por exemplo, na ideologia racista da supremacia do branco sobre o negro ou de uma etnia sobre as outras. Manifesta-se, também, num mundo que é globalizado, na ideia de que a cultura ocidental é superior, e os povos e culturas diferentes devem assumi-la modificando suas crenças, normas e valores (...)". (In: (TOMAZI, Nelson Dacio. Sociologia. São Paulo: Saraiva, 2010. P. 174)

III.4 – A CULTURA COMO SÍMBOLO

O Antropólogo Claude Lévi Strauss (1908-2009), de origem Belga, mas que desenvolveu a maior parte dos seus estudos na França, definiu cultura como:

> "Um conjunto de símbolos, entre os quais se incluem a linguagem, as regras

matrimoniais, a arte a ciência, a religião e as normas econômicas." (grifo meu)

Ou seja:

"Como sistemas que se relacionam e influenciam a visão da realidade social e física dos homens de diferentes sociedades." (grifo meu)

Ernst Cassirer, no seu livro "Ensaio sobre o homem", define o homem não somente como um "animal social e político", como fizera Aristóteles, e nem tampouco como um "animal racional", como fizeram os empiristas, mas, sobretudo, como um "animal simbólico", isto é, como um ser que somente possui e/ou consegue desenvolver um sentido existencial quando está dentro da sua própria cultura. Vejamos o que ele nos diz:

"(...) O homem vive em meio a um universo simbólico. A linguagem, o mito, a arte e a religião são partes desse universo. São os variados fios que tecem a rede simbólica, o emaranhado da experiência humana. O homem não pode mais confrontar-se com a realidade frente a frente. A realidade física parece recuar em oposição ao avanço da atividade simbólica do homem. Em vez de lidar com as coisas reais, o homem esta, de certo modo, conversando consigo mesmo. Sua situação é a mesma tanto na esfera teórica quanto na prática. Mesmo nesta, o homem não vive num mundo de fatos nus e crus. Vive, antes, em meio a emoções imaginárias, em esperanças e temores, ilusões e desilusões, em suas fantasias e sonhos (...)". (1997:49)

Cassirer não chega, obviamente, a compreender o homem, enquanto ser cultural xenófobo e etnocêntrico, como um ente incapaz de captar a realidade, como fizera Górgias, na Grécia antiga, em seu ceticismo absoluto.

Todavia, Cassirer ressalta que a condição simbólica do homem o tem impedido de compreendê-la, de saber que ela existe, na medida em que o mesmo corre o risco de sempre querer fazer do real aquilo que ele quer ver, por meio da sua cultura, não levando em consideração que a realidade existe independentemente do que ele, enquanto ser cultural, pensa ou sente a respeito dela.

Talvez esse caráter simbólico do homem seja, na verdade, a expressão literal e visível do seu Etnocentrismo, isto é, o que lhe dá a ilusão de estar "hiperconsciente" quando não consegue ver nada de valoroso além daquilo que os seus simbolismos o permitem ver, agindo sob a força da tradição, ou seja, por meio de hábitos e/ou costumes, irracionalmente, como se fossem eles frutos (enquanto obediência às normas sociais) de uma racional "consciência coletiva", aos moldes de Durkheim, em sua teoria da "solidariedade orgânica".

IV CAPITULO – "AÇÃO IRRACIONAL" INFLUÊNCIADA E/OU MOTIVADA PELAS AÇÕES ALHEIAS.

> Percorrestes o caminho que medeia do verme ao homem, e ainda em vós resta muito do verme. Noutro tempo fostes macacos e, hoje, o homem é ainda mais macaco do que todos os macacos. (F. Nietzsche)

Quando Aristóteles definiu o homem como *"um ser social e um animal político"*, estava ele também, de certa forma, afirmando que, esse mesmo homem, somente se estivesse durante todo o tempo consciente dos seus atos, num suposto dado momento, se quisesse, poderia optar por viver à revelia da exigência da vida social e/ou da interação com outros seres sociais, isto é, buscando isolar-se dos demais, objetivando viver como um ser antissocial ou como um animal apolítico. Embora esse dado pareça absurdo, não o é: veja-se, por exemplo, o caso de Zaratustra, personagem de Nietzsche que, deliberadamente almejando desenvolver a sua sabedoria, isola-se da vida social, por anos, nas montanhas, acompanhado apenas por animais e, somente de tempos em tempos, desce ao encontro dos homens. Narrando essa problemática, especificamente no capítulo "Do caminho criador", por exemplo, Nietzsche diz:

> "Solitário tu segues o caminho do criador: queres um deus dos teus sete demônios! Solitário tu segues o caminho do amante: amas-te a ti mesmo, e por isso desprezaste como só desprezam os amantes. Vai-te para o isolamento, meu irmão, com o teu amor e com a tua criação, e tarde será que a justiça te siga claudicando. Vai-te para o isolamento com as minhas lágrimas, meu irmão. Eu amo o que quer criar alguma coisa superior a si mesmo e dessa arte sucumbe". (Nietzsche, F. Assim falou Zaratustra. P, 62)

Como se percebe, para Nietzsche, o caminho da dita vida social e/ou política, é o que, nas sociedades, aborta o homem para os processos de superação de si mesmo; aborta os homens para os processos de criação de novos valores, na medida em que, por meio dos processos de socialização que ele, esse mesmo homem, desde a tenra idade é obrigado a passar, castra-se também a sua subjetividade criadora, ao ser-se transformado num ser dócil ao sistema.

Quando Aristóteles diz que *o homem é um ser social e um animal político*, está-se falando, entre outras coisas, que a sua sociabilidade independe do seu querer e/ou das decisões da sua consciência, ao contrário do que pensa Nietzsche, para quem, ser ou aceitar a ideia de ser um ser social é, entre outras catástrofes existenciais, o mesmo que abrir mão e/ou abdicar da capacidade de pensar, de buscar se superar e/ou de querer criar qualquer coisa superior a si mesmo.

Aristóteles, com a sua referida proposição axiomática, está nos dizendo que não existe humanidade fora da vida social e, que, nesse sentido, sem passar-se pelos processos de socialização primários (que começam na família) e secundários (que continuam na escola e nas outras esferas sociais), o "ser homem", pertencente à espécie "homo sapiens", não pode se realizar e/ou se tornar de fato o ser que traz em si, o que, para Nietzsche, é exatamente o contrário.

Ou seja, para o filósofo alemão Nietzsche, o homem, ainda que prescinda de uma condição de ser social, não é nela que ele de fato se realiza e/ou exercita a sua natureza sapiens, mas no isolamento.

Não pretendemos, aqui, problematizar ao extremo essa temática, mesmo porque a obra de Nietzsche é suficientemente vasta e, nesse sentido, estaríamos percorrendo um caminho de estudo ou pesquisa, a meu ver, já o suficientemente elucidado.

Conceituando, os processos de socialização, fragmentados e/ou fragmentários, presentes nas sociedades capitalistas pós-modernas, pode-se dizer, são como uma espécie de via de mão dupla: ao mesmo tempo em que conduzem os homens à realização das suas humanidades, tiram deles também as suas condições de seres pensantes, colocando-os na condição daqueles que, entre outras coisas, agem irracionalmente, quase sempre movidos por hábitos e costumes, ou também quase sempre influenciados pelas ações sociais alheias, seja enquanto grupo, seja enquanto indivíduos, principalmente quando colocados em situações sociais que lhes exijam alguma prática ou atividade cativa do bom senso e/ou do senso comum.

Nas crianças, tragicamente, essa ação "irracional influenciada" começa a dar-se na fase em que o psicólogo suíço Jean Piaget, em sua epistemologia genética, convencionou chamar de período simbólico, ou seja, que se inicia por volta dos dois ou três anos de idade e se entende até os quatro ou cinco, marcado pelo aprendizado, a partir da incorporação, em si, de hábitos e/ou comportamentos de outras crianças ou adultos que as circundam, como pais, mães, parentes próximos, irmãos mais velhos.

Essas ações se intensificam durante toda a infância quando, por exemplo, as crianças começam a chorar porque veem outras crianças chorando, ou então quando começam a querer brincar simplesmente porque se deparam com outras crianças brincando.

Dão-se também os mesmos processos quando as crianças dizem aos seus pais, por exemplo, que querem determinado brinquedo porque outra criança tem e/ou então que querem tomar sorvete porque viram outra criança tomando.

Na juventude, essas ações influenciadas se corporificam quando os adolescentes começam a agir, se vestir, falar, se comportar e etc., influenciados pelos ditos seus amigos, pelos seus ídolos e/ou então pelo que diz a ditadura da moda, etc. Na vida adulta, embora essas ações irracionais influenciadas pareçam diminuir e/ou não mais existirem, dado que já se estão formados o caráter e a personalidade, elas começam a adquirir outras formas, do tipo:

1- Um determinado indivíduo começa a fazer obra na sua residência e, de repente, naquela mesma rua, vários outros moradores começam a fazer o mesmo;

2- Um determinado indivíduo realiza uma festa, sem ser de aniversário, e outros moradores começam também a fazer o mesmo.

Nas outras esferas sociais, essas ações irracionais influenciadas se dão de várias formas como, por exemplo:

1- Quando determinadas pessoas entram em filas para comprar algo simplesmente porque muitas outras pessoas estão nelas almejando fazer o mesmo;

2- Quando há qualquer tipo de aglomeração em prol de uma causa qualquer e, determinadas pessoas, mudando o seu rumo, introduzem-se nelas sem nem saberem a razão e nem o porquê, realizando, inclusive, na mesma via, determinados atos porque outros estão fazendo.

Embora não se perceba, esses tipos de ações sociais irracionais influenciadas estão, como ações dos indivíduos, presentes em todas as diferentes esferas, sejam naquelas que dizem respeito, por exemplo, à escolha dos candidatos para o voto ou mesmo no que se refere àquelas da simples escolha de uma peça de roupa e/ou mesmo de um corte de cabelo.

V CAPÍTULO – "AÇÃO IRRACIONAL" POR MEIO DO AFETO E/OU DOS SENTIMENTOS (AMOR, ÓDIO, VINGANÇA, PAIXÃO, ETC.)

Há sempre um quê de loucura no amor. (In: Nietzsche, F. – Assim falou Zaratustra)

Uma das principais formas de ideologia é aquela que impinge na psique dos seres sociais não somente formas de ser e de agir, mas também de sentir, uma vez que, no plano dos sentimentos e/ou dos afetos, estão dados todos aqueles tipos de ações que independem do uso da razão.

Nesse terreno afetivo-irracional, por exemplo, estão as alegrias ou tristezas inusitadas ou repentinas, as satisfações das vontades, os desejos de vingança, as invejas, o rancor, a mágoa, a aversão ou ódio muitas vezes gratuito, e etc. Todos esses – e muitos outros – compõem o universo do dito mundo sensível que, segundo

Platão, está essencialmente em oposição ao inteligível. Para esse filósofo do antigo mundo grego, por exemplo, somente no mundo Inteligível estaria a verdade e, por outro lado, no sensível, tudo o que ele considerava como sendo fonte de erro, ou seja, repleto apenas de "aparências, sombras e enganos".

A mitologia grega está, na grande maioria das suas histórias, sintetizada dessa forma, isto é, fazendo-se uma espécie de apologia a ações ditas racionais em oposição àquelas ditas emotivas e/ou afetivas.

Lembremo-nos do caso de Orfeu que, por amor à Eurídice, mesmo estando ela já morta, cego de paixão, faz um pacto com o chamado deus do inferno para poder descer até lá, somente para poder vê-la, porém sem poder tocá-la e, mesmo assim, não resistindo ao vê-la (morta), ele beija-a e é impedido, pelo pacto que fizera, de regressar à vida, aprisionando a sua alma lá, ou seja, no próprio inferno.

Na tradição cultural dos povos ocidentais, erigidas a partir do Antropocentrismo (humanismo e renascimento) também está dada essa dicotomia entre razão e emoção. O que se quer dizer é que, historicamente, as ações decorrentes do afeto e/ou das emoções sempre estiveram associadas a modos de ser, de sentir e de agir irracionais e que, portanto, nesse sentido, contrariam àqueles da chamada razão.

Cada um de nós, em algum momento de nossas vidas, já presenciou e/ou então ouviu histórias de pessoas que, movidas pelas suas ditas emoções, cometeram atos ditos passionais, de loucuras e/ou irracionalidades, como crimes por paixões, por desejos de vingança, ódios, invejas, etc.

Numa outra via, também já presenciamos e/ou ouvimos histórias de pessoas que, tomadas por puros estados de alegrias e/ou felicidades repentinas, promoveram festas para os amigos, pagaram as contas de desconhecidos num bar qualquer, etc. Ou seja, as questões que envolvem ações irracionais decorrentes do afeto, quase sempre foram documentadas, de forma realista ou ficcional, ao longo da história, levando-nos a crer que elas, na mesma medida, sempre fizeram parte do cotidiano humano, independente de suas diferentes culturas.

Entretanto, nas sociedades contemporâneas, já a partir do século XX, elas, as ações irracionais decorrentes do afeto, começaram a ser, por meio de mecanismos ideológicos, fabricadas nas psiques dos seres sociais, não somente visando-se manter o status quo, mas também para fazer com que esses mesmos seres sociais pudessem, irracionalmente, se tornar escravos do consumo.

Por exemplo, datas comerciais como dias das mães, dos pais, páscoa, natal, ano novo, e também uma série de outros ditos feriados (não somente enquanto normas sociais), fazem com que as pessoas, nesses períodos, não somente nutram determinados tipos de relações de afeto, mas também que se predisponham a, irracionalmente, consumirem determinados produtos e/ou serviços movidos por elas.

Na mesma medida, aqueles que estão fora da vida ativa, vivendo na marginalidade sócio-econômica, sendo impedidos de consumirem, irracionalmente passam a desenvolver, em si, sentimentos inversos, como os de tristeza, impotência, inutilidade, apatia, desânimo, etc.

Nessas sociedades, inclusive, desenvolveu-se uma espécie de chamada "indústria da felicidade" que, de tempos em tempos, diz aos seres sociais que eles devem estar felizes ou alegres indo a shows, fazendo viagens, consumindo roupas, automóveis do ano, etc. Ou seja, nessa indústria da felicidade, está incluída também a ditadura da moda, da beleza, etc. Mesmo as relações que envolvem intimidades se tornaram também mercadológicas: só se é possível vir a nutrir algum sentimento dito de amor ou paixão por alguém que esteja dentro dos padrões sociais ditos "bem sucedidos" e/ou de incluído sociais.

Mesmo entre aqueles que a sociedade diz serem pobres, existem hierarquias e, nesse sentido, não são conhecidos casos de homens e/ou mulheres que desenvolvam, em si, amor e/ou dita louca paixão por outras que se encontram, por exemplo, em situações de desemprego, pobreza, miséria absoluta e/ou estado de mendicância.

Nesse sentido, ações irracionais decorrentes do afeto são mais corriqueiras do que se possa imaginar, dado que, hoje, no alvorecer do século XXI, elas não estão no universo de praticamente todas as outras ações sociais. Por exemplo, as pessoas compram coisas não porque precisam, mas porque "gostam"; e, nesse sentido, esse gosto foi também fabricado e internalizado nelas por meio das estratégias de marketing das grandes corporações.

Nesta mesma via, no que se refere à escolha dos possíveis pares afetivos, dá-se o mesmo: está-se implícito na psique dos seres sociais quais são os tipos de seres que se deve ou não se deve gostar.

Hoje, nessas sociedades, essas "ações irracionais por meio do afeto", caracterizadas por "modos de sentir", de ser e de agir incorporados na psique dos seres sociais através de processo de socialização (como as mídias, que estão além da família e da escola), dão também a esse mesmo ser - durante os seus atos - a ilusão de estarem agindo por meio de vontades e/ou emoções que são verdadeiramente suas.

As ações irracionais afetivas que envolvem os atos de consumos e/ou mesmo aquelas que fazem as pessoas participarem de movimentos sociais, muitas vezes dados os processos sutis de internalização, são entendidas, pelas mesmas, como o mesmo que atos de pura escolha, diferentes daquelas relações de afeto que envolvem irracionalidades por eles praticadas por meio das relações de namoro e/ou conjugais.

Em outras palavras, na presente era pós-moderna, por meio dos vícios de consumo, os seres sociais, na condição de alienados, usam as pessoas e amam as coisas e/ou vice versa, porque, como demonstram suas *"ações irracionais afetivas"*, eles perderam as suas capacidades de julgarem racionalmente as diferenças essenciais que existem entre elas.

VI CAPÍTULO – "AÇÃO IRRACIONAL" POR MEIO DE CRENÇAS, CONVICÇÕES E/OU VALORES.

> "Os homens jamais fazem o mal tão completamente e com tanta alegria como quando o fazem a partir de uma convicção religiosa." (Blaise Pascal)

Há autores que dão às "ações convictas" um status de razão e/ou de "atos puramente racionais". Todavia, na grande maioria das vezes, ações convictas não passam de ações motivadas por crenças e, estas, quase sempre, são o mesmo que, frise-se: *"regras alienadas de ação"*.

Valores como o dever, a dignidade, a honra, etc., que regem as ações de determinados indivíduos que simplesmente agem porque creem no que fazem sem levarem em consideração se as consequências dos seus atos serão boas ou más, revelam que elas, as ditas "suas ações", na grande maioria das vezes, não passam de meros atos irracionais.

Existem indivíduos, por exemplo, que agem desta ou daquela determinada forma porque dizem que:

1- "Aquela é sua missão na terra";

2- "Porque elas têm fé";

3- "Porque o fundamental é que a causa do seu grupo seja vitoriosa".

Não é fácil qualificar uma ação social que se dá por meio de convicções, como fruto de uma ação irracional, exatamente porque, elas, as convicções, são exatamente aquilo que nos dão a autoacredita certeza de que estamos agindo de forma sábia, onisciente ou hiperconsciente.

As pessoas que agem de forma convicta, portanto, têm ditas "certezas absolutas" sobre os seus atos e, nesse sentido, acreditam também que possuem o controle das ditas "suas ideias" quando, na verdade, embora não saibam, são as ideias, que elas dizem que são delas, que as possuem.

A proposição é seguinte: *"só os loucos é que possuem certezas ditas absolutas".* Por exemplo, quando um louco diz "Eu sou Napoleão" e/ou "Eu sou Jesus cristo", mesmo que alguém lhe diga o contrário, isto é, que ele não o é, o louco não dá ouvidos, uma vez está convicto sobre o que diz ser.

Sendo assim, as pessoas que agem movidas por convicções, como acreditam que estão completamente certas do que pensam, sem nenhuma dúvida, elas também não se importam com as consequências dos seus atos.

Pessoas que agem cometendo atos terroristas, por exemplo, os fazem justificando-se, dizendo estarem agindo por meio de atos racionais. As convicções, nesse sentido, são também o mesmo que dogmas, ortodoxias, paradigmas, xenofobismos, etnocentrismos, ou seja, formas particularistas de ser e de interagir com o mundo.

O que marca também as ações irracionais convictas, é a negação dos processos dialógicos: a negação da possibilidade de existirem diferentes caminhos para a solução de um dado problema. Nas ações irracionais convictas, a consciência que se tem, contrapondo-se à lógica da razão, que prescinde de relações entre causas e efeitos, é a de que se age e/ou de que se deve agir porque se acredita que daquela forma como se age é não só a melhor, mas também a única verdadeira, sem preocupação com os efeitos colaterais dos seus atos. Nas ações irracionais convictas, as pessoas, depois de agirem, simplesmente dizem:

1- "Eu fiz o que eu achei que seria o melhor";
2- "Eu fiz isso para ficar em paz comigo";
3- "Dando ou não dando certo, eu irei fazer o que posso e acredito que devo; vou fazer a minha parte";

4- "Se cada um fizer um pouquinho, as coisas mudam";

5- Eu não conseguiria dormir se agisse de outra maneira, etc.

Na tentativa de melhor ilustrarmos essa questão sobre "ações irracionais convictas", seguem-se abaixo dois poemas do livro "Chip da ignorância", do mesmo autor, que nos fazem pensar na relação problemática e/ou "antidialógica" que muitos homens travam com as ditas, por eles, "suas ideias".

1- AS IDEIAS

Achava-se certo,

Que estava correto,

Que tinha razão...

Não conseguia ouvir,

Quem insistia lhe pedir,

Pausa para reflexão...

Acreditava que mandava

Nas suas ideias...

Não sabia ele que, as ideias,

Não eram suas...

E mais: que eram elas que, ao

Contrário, mandavam nele;

Que eram elas que o invadiam,

Que eram elas que o escravizavam,

Fazendo-o crer-se o mais sábio,

Ser o mais inteligente,

Estar hiperconsciente...

Ele pensava que pensava...

Pensava que possuía as ideias.

Não sabia, porém,

Que eram elas, as ideias,

Que, entretanto,

Ao contrário,

Possuíam-no.

2 - AS IDEIAS II

Uma mente cheia de ideias.

Algumas, como pregos,

Postas lá a marteladas;

Outras, como o vento,

Postas lá num sussurro;

Outras, como o amor,

Postas lá a dose de carinho;

As íntimas, feito paixões,

Esculpidas em seu corpo

Por meio de marteladas

De beijos imorais.

Ideias antigas,

Que pareciam novas;

Ideias de ódio,

Que pareciam de compaixão;

Ideias de morte,

Que pareciam de ressurreição.

Ele "pensava" que conhecia

As dias "suas ideias..."

E, pior: acreditava que elas obedeciam-no.

Certo dia, um das ditas "suas ideias"

Consultou um arquivo da sua memória...

E relembrou-lhe um insulto que

Ele havia sofrido,

Impelindo-o, como um fantoche,

A vingar-se...

O final, obviamente, foi trágico:

Acreditando que a dita "sua ideia"

Era realmente sua,

ele nem sequer desconfiou dela...

VII CAPÍTULO - AÇÃO IRRACIONAL POR MEIO DA BUSCA DA SATISFAÇÃO DE VONTADES, COMO SE ELAS FOSSEM NECESSIDADES.

"Na verdade, quem pouco possui tanto menos é possuído." (F. Nietzsche)

Karl Marx, em várias de suas obras, de formas diretas e indiretas, deixa clarificado que "a liberdade é inteligência da necessidade" e, nesse sentido, que essa mesma liberdade só é cega quando não enxerga a necessidade. Ou seja, para ele, fundado na sua concepção do materialismo histórico, "é a necessidade que faz com que os homens, dialeticamente, conquistem as suas liberdades para buscarem formas justas de organização social".

Nas sociedades capitalistas ocidentais contemporâneas, todavia, a palavra "necessidade" foi substituída e colocada como sinônimo ou como o mesmo que a ideia de "vontade", sendo que, esta segunda, ao contrário da primeira, significa o mesmo que "motivação irracional para agir em prol do consumo".

Em outras palavras, as ações originadas para a satisfação de vontades, como se elas fossem necessidades, colocam os indivíduos na condição alienada de "amantes das coisas materiais, pela via do vício do consumo", na medida em que o consumismo se caracteriza como uma motivação extrínseca ao ser, porém como se dele fosse, fazendo-o viver para acumular e/ou consumir não o que realmente ele necessita, mas que nutre vontade, ou seja, coisas que, sem às quais, ele não seria impedido de viver.

Na perspectiva do consumismo, a vontade, colocada como necessidade, não é o que conduz os homens, dialeticamente, a se moverem em busca da conquista das suas liberdades, tornando-se real à práxis, mas exatamente o que os cegam, aprisionando-os num mundo de fantasias e de luta pela satisfação de futilidades materialistas.

O consumismo, regido por vontades irracionais, é o mesmo que um vício e, sendo-se assim, é também exatamente o contrário da ideia de virtude pautada no exercício pleno da razão.

Max weber, exemplificando formas de ações sociais oriundas da necessidade, em oposição àquelas das vontades, diz-nos que, em alguns lugares, quando chove, a maioria das pessoas logo procuram abrir os seus guarda-chuvas. Essa é uma ação social que pode ser tanto automática quanto racional, porque verdadeiramente faz com que os indivíduos tomem uma atitude diante de uma necessidade real, homogênea. Todavia, nas sociedades capitalistas ocidentais contemporâneas, diferentes vontades, como se fossem necessidades, a todo momento são criadas e ideologicamente impingidas na psique dos diferentes seres sociais, fazendo-os, por exemplo, moverem-se irracionalmente para o consumo irrefletido e/ou longe da satisfação das necessidades.

A inversão de valores, de ideias, se constitui como uma das principais formas que as sociedades capitalistas, através da sua elite representante, utilizam-se para manter o status quo da exclusão social e, no caso específico aqui descrito, das ações irracionais motivadas pela busca da satisfação de vontades como se elas fossem necessidades. A esse respeito, Ciro Marcondes filho, no seu livro *"Ideologia - tudo o que o cidadão precisa saber"*, escreveu:

> "Ideologia não é, portanto, um fator individual, não atua inclusive de forma consciente na maioria dos casos. Quando pretendemos alguma coisa, quando defendemos uma idéia, um interesse, uma aspiração, uma vontade, um desejo, normalmente não sabemos, não temos consciência de que isso ocorre dentro de um esquema maior (...) do qual somos

penas representantes. Ou seja, repetimos conceitos e vontades que já existiam anteriormente." (texto adaptado. São Paulo: Global, 1985. P. 20)

Em outras palavras, os capitalistas, antes mesmo de produzirem os seus produtos e/ou serviços para serem consumidos, ideologicamente, por meio da invenção e internalização de vontades na psique dos seres sociais, eles "produzem" também os seres sociais irracionais que serão possíveis consumidores, chamados por eles de "fatia de mercado" e/ou então de "público-consumidor".

Nessas sociedades, não é exagero dizer, "praticamente todas as vontades, além de dissimuladas de necessidades, são também padronizadas, como uma espécie de ditadura que se sistematiza por variadas áreas do consumo".

Sendo assim, nessas sociedades, tanto os estados ditos de "alegrias" quanto de "tristezas", são uma mera consequência das possibilidades ou não de consumo por parte dos seres socais, caracterizando-se também como ações irracionais que são fruto de vontades, mascaradamente entendidas como oriundas das mais puras necessidades.

"O homem é superável. O que fizeste para superá-lo? (...)

Preferis retornar ao animal, em vez de superar o homem?
(...)

O que é o macaco para o homem?

- Uma zombaria ou uma dolorosa vergonha.

Pois é o mesmo que deve ser o homem para o super-
homem..."

(Nietzsche, F. p, 25)

BIBLIOGRAFIA DE ANTROPOLOGIA SOCIAL

BEALS, Alan. Antropologia cultural. México/Buenos Aires, Centro Regional de Ayuda Técnica, 1971.

BENEDCT, Ruth. O crisântemo e a espada. São Paulo, 1971, perspectiva.

GEERTZ, Clifford. A transição para a humanidade. In Sol Tax (org.), Panorama da Antropologia, 1966. Rio de janeiro, fundo de cultura.

BOURDIEU, Pierre. Razões práticas. 4. Ed. Campinas: Papirus, 1996.

KEESING, Felix. Antropologia cultural, Rio de janeiro, 1961. Fundo de cultura.

KROEBER, Alfred. "O superorgânico", in Donald Pierson (org.), estudos de organização social. São Paulo, 1949, livraria Martins editora.

LARAIA, Roque de Barros. Cultura: um conceito antropológico. 18º. Ed. Rio de Janeiro. Jorge Zahar Editor, 2005.

LÉVI-STRAUSS, Claude. O pensamento selvagem. São Paulo, Cia. Editora Nacional, 1976.

LOCK, John. Ensaio acerca do entendimento humano. Coleção os pensadores, São Paulo, Abril Cultural.

MERCIER, Paul. História da antropologia. Rio de Janeiro, Civilização Brasileira, 1977.

SAHLINS, Marshall. A cultura e o meio ambiente: o estudo de ecologia cultural, in Sol Tax (org.) Panorama da Antropologia. Rio de janeiro, Fundo de Cultura.

_ Cultura e razão prática. Rio de Janeiro, Zahar Editor.

VELHO, Gilberto e VIVEIROS DE CASTRO, Eduardo. "O conceito de cultura e o estudo das sociedades complexas". Cadernos de Cultura. USU (Universidade Santa Úrsula), ano 2, nº 2, Rio de Janeiro, 1980.

BIBLIOGRAFIA DE FILOSOFIA, POLÍTICA E EDUCAÇÃO

APPLE, M. Educação e poder. Porto Alegre: Artes Médicas, 1989.

BOURDIEU, P. A reprodução. Rio de janeiro: F. Alves, 1975.

COLEÇÃO OS PENSADORES: relativos ao pensamento de Aristóteles, Sartre entre outros.

COSTA, Cleberson. Emancipados & Medíocres. Rio de janeiro. Amazon.com, 2012.

COSTA, Cleberson. A complexidade do óbvio. Rio de janeiro. Clube de Autores, 2012.

DELORS, Jacques. A educação para o século XXI: questões e perspectivas. Porto Alegre. Artmed, 2005.

FREIRE, Paulo. Pedagogia da autonomia. São Paulo. Paz e Terra, 1996.

FRIGOTTO, Gaudêncio. Educação e Crise do Capitalismo Real. São Paulo: Cortez, 1996.

GENTILI, P. & FRIGOTTO, G. (ORGs). A Cidadania Negada: políticas de exclusão na educação e no trabalho. São Paulo, Cortez, 2002.

BIBLIOGRAFIA HANNAH ARENDT ETC.

ARENDT, Hannah (1949): Origens do totalitarismo

ARENDT, Hannah (1950): O que é política?

ARENDT, Hannah (1957): A crise na educação

ARENDT, Hannah (1958): A condição humana

ARENDT, Hannah (1961): Entre o passado e o futuro (excertos)

ARENDT, Hannah (1971-78): A vida do espírito

ARENDT, Hannah (2000): The portable Hannah Arendt

ARENDT, Hannah (1977): Lectures on Kant's political philosophy

ARENDT, Hannah (1958): The human condition

ARENDT, Hannah (1963): Sulla rivoluzione

SAVIANI, Dermeval. Escola e Democracia. São Paulo. Cortez, 1998.

MORIN, E. Os sete saberes necessários à educação do futuro. São Paulo. Cortez; BRASÍLIA: UNESCO, 2001.

RANCIÈRE, Jacques. O mestre ignorante: cinco lições sobre emancipação intelectual. Belo Horizonte: Autêntica, 2002.

BIBLIOGRAFIA BÁSICA DE FILOSOFIA

BOBBIO, Norberto ET al. Dicionário de Política. Trad. Luiz guerreiro Pinto Cacais et al. Brasília, Ed. Universidade de Brasília, 1986.

BOBBIO, Norberto. O conceito de sociedade civil. Rio de Janeiro, 1995.

BOCHENSK, Innocentius Marie. A filosofia contemporânea ocidental. Trad., coord., e rev. Alfredo Bosi. São Paulo, Mestre Jou, 1982.

CHÂTELET, François, dir. História da Filosofia – idéias, doutrinas. Rio de janeiro, Zahar, 1981. 8v.

FOULQUIÉ, Paul. O existencialismo. Trad. J. Guinsburg. 3ª ed. São Paulo – Rio de Janeiro, Difel, 1975.

MOUNIER, Emmanuel. Introdução aos existencialismos. Trad. João Bénard da Costa. São Paulo, livraria duas cidades, 1963.

OS PENSADORES. São Paulo, Abril cultural. Coleção da qual foram utilizados os volumes: Aristóteles, Heidegger, Kant, Locke, Marx, Sartre, Descartes e Francis Bacon.

OUTRAS OBRAS DO AUTOR

1 - Emancipados & Medíocres;

2 - Aprender a Aprender;

3 - Caminhos da Humanização e da Emancipação intelectual;

4 – Pedagogia da Mediocridade;

5 - Catástrofe na Escola: a negação consentida de direitos;

6 – A complexidade do óbvio;

7 – Chip da Ignorância;

8 – Amar se aprende amando;

9 – Teoria filosófica da existência de Deus;

10 – Praga dos (a) mal-amados (a).

11 – Como criar & Administrar uma Microempresa;

12 – Segredos da Prosperidade;

13 - Vivendo em Prosperidade: o segredo das árvores frutíferas;

14 – Apartheid Social: três tipos diferentes de cidadãos;

15- Apartheid Intelectual: produtos da escola;

16 – Sociedade Corrompida: transgressão & arte racional da dissimulação;

17 – Sete (7) lições sobre Metodologia Participativa;

18 – Egocentrismo infantil na fase adulta;

19 – Emancipados & Medíocres no Amor;

20 – Emancipados & Medíocres na vida Intelectual;

21 – A arte de Conviver: respeito às diferenças;

22 – Emancipados & Medíocres na Internet;

23 – Emancipados & Medíocres em Finanças;

24 – Emancipados & Medíocres no Trabalho;

24 - As mulheres que os homens se casam;

25 – As três transformações do Espírito;

26 – Pérolas de Nietzsche.

www.ingramcontent.com/pod-product-compliance
Lightning Source LLC
Chambersburg PA
CBHW060415290526
45791CB00002B/764